VENTE DU SAMEDI 9 MAI 1891

HOTEL DROUOT, SALLE N° 8

OBJETS D'AMEUBLEMENT

Tapisseries

EXPOSITION PUBLIQUE

LE VENDREDI 8 MAI 1891

de 1 heure 1/2 à 5 heures 1/2.

COMMISSAIRE-PRISEUR
Me PAUL CHEVALLIER
10, rue Grange-Batelière, 10.

EXPERT
M. CHARLES MANNHEIM
7, rue Saint-Georges, 7

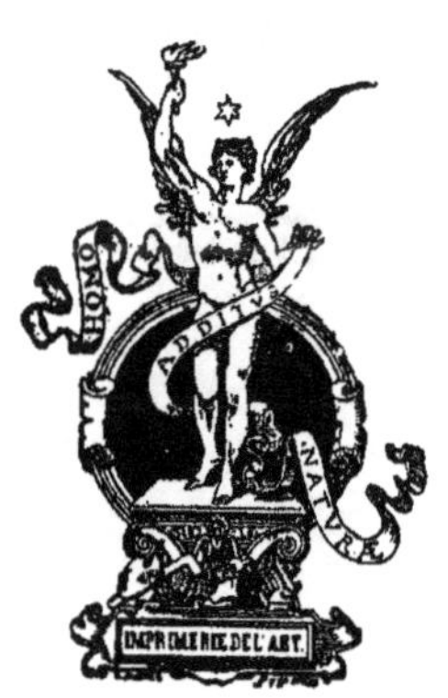
HOMO ADDITVS NATVRÆ
IMPRIMERIE DE L'ART

CATALOGUE

DES

OBJETS D'AMEUBLEMENT

Porcelaines, Faïences, Bronzes et Laques de Chine et du Japon
Grand Candélabre bronze doré
Lustres, Appliques, Candélabres, Surtout, etc.
Consoles anciennes en bois doré
Meuble de Salon Louis XV, Meubles anciens et de style
Piano-orgue, Trumeaux, Glaces, Sièges anciens

Tapisseries anciennes

Grand Tapis d'Orient, Cuirs

DONT LA VENTE AURA LIEU

HOTEL DROUOT, SALLE N° 8

Le Samedi 9 Mai 1891

A DEUX HEURES

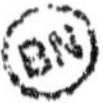

Me Paul CHEVALLIER	M. Charles MANNHEIM
COMMISSAIRE-PRISEUR	EXPERT
10, rue de la Grange-Batelière, 10	7, rue Saint-Georges, 7

EXPOSITION PUBLIQUE

Le Vendredi 8 Mai 1891, de 1 heure 1/2 à 5 heures 1/2

CONDITIONS DE LA VENTE

Elle sera faite *expressément* au comptant.

Les Acquéreurs payeront CINQ POUR CENT en sus des adjudications, applicables aux frais de la vente.

L'exposition mettant le public à même de se rendre compte de l'état des objets, il ne sera admis aucune réclamation une fois l'adjudication prononcée.

Paris. — Imp. de l'Art. E. Ménard et Cie, 41, rue de la Victoire

DÉSIGNATION DES OBJETS

PORCELAINES, FAIENCES

1 — Tasse à thé et sa soucoupe en Saxe Marcolini, à décor de sujets militaires.

2 — Tasse à deux anses, couvercle et plateau en porcelaine de Saxe ; médaillons scènes galantes encadrés de dorure, fond lilas.

3 — Tasse trembleuse et présentoir à galerie, en vieux Saxe gaufré en vannerie et à décor en couleur.

4 — Statuette de Minerve en ancienne porcelaine blanche d'Allemagne.

5 — Trois pièces en vieux Saxe : ravier, soucoupe et petit plateau carré.

6 — Quatre plateaux carrés. Saxe moderne.

7 — Petit sucrier et son plateau oblong. Saxe moderne.

8 — Tasse et sa soucoupe en porcelaine de La Haye, à décor d'amours en camaïeu lilas.

9 — Neuf assiettes variées de décor en Saxe.

10 — Deux jardinières, Saxe moderne à bords festonnés, décor à fleurs et bordure jaune.

11 — Grande corbeille en Saxe Marcolini, à fleurettes en relief.

12 — Beurrier, pot à crème, théière, sucrier et tasse, en biscuit, à feuilles en relief.

13 — Service à thé en porcelaine tendre de Tournay, à décor de fleurettes en bleu, et plusieurs pièces de même porcelaine dépareillées.

14 — Plateau à bonbons, composé de sept compartiments, en porcelaine de Chine, enfermé dans une boîte ronde en laque noire incrustée de nacre.

15 — Cinq petits bols en porcelaine mince de Chine, décorés en bleu.

16 — Coupe en porcelaine de Chine moderne, à dragons, sur pied en bois sculpté.

17 — Deux grands vases balustres en porcelaine de Chine moderne, à décor de fleurs et de papillons, en émaux de couleurs sur fond vert d'eau. Ils sont enrichis de belles montures en bronze ciselé et doré, à rinceaux, feuillages et rocailles. — Haut., 75 cent.

18 — Deux coupes formées de grands bols en vieux Chine, à personnages et ornements en couleurs et de monture de bronze doré.

19 — Très grand bol en porcelaine de Chine moderne, à nombreux personnages en émaux de couleurs.

20 — Deux grands vases en porcelaine moderne du Japon, à décor de personnages et de paysages.

21 — Quatre couteaux, quatre fourchettes et une fourchette

à hors-d'œuvre, à manches en ancienne porcelaine de Saint-Cloud, décorés en bleu.

22 — Six manches de couteaux en Saxe, à décor de fleurettes bleues.

23 — Deux seaux en porcelaine tendre, genre Sèvres, fond gros bleu et médaillons d'amours d'après Prudhon.

24-25 — Quatre bonbonnières en porcelaine de Saxe moderne, à ornements gaufrés en relief, à décor polychrome; scènes galantes et sujets militaires.

26 — Deux seaux lobés et à bords festonnés en porcelaine tendre, genre Sèvres, à décor de pentes de fleurs et d'attributs, et bordure rose et or.

27 — Grande coupe à fruits en porcelaine décorée, filets or et guirlandes de lilas.

28 — Chope, Saxe moderne, à figures peintes en couleurs et fleurettes en relief.

29 — Grand sucrier avec son plateau, en porcelaine décorée du temps de l'Empire.

30 — Lot de porcelaines diverses.

31 — Grand vase à fleurs, hémisphérique et à bords plats, en faïence de Collinot, à décor de plantes aquatiques en émaux de couleurs sur fond jaune.

32-33 — Deux jardinières en faïence artistique, à décor de fleurs, style oriental; l'une fond bleu, l'autre fond rose; supportées par des trépieds de style antique en bois sculpté.

34 — Deux cornets en faïence émaillée, de style oriental.

OBJETS VARIÉS

35 — Boîte rectangulaire à deux compartiments en argent doré, décorée de scènes villageoises en relief et d'ornements gravés. Époque Louis XV.

36 — Flacon à odeurs en cristal sous un revêtement d'or ajouré simulant un travail de vannerie.

37 — Petite aiguière et son bassin en argent repoussé.

38 — Deux pièces : ancien boîtier de montre en cuivre et flacon de cristal à pans.

39 — Bouteille indienne en métal noir décorée d'incrustations d'argent.

40 — Vase évasé à piédouche en émail peint de la Chine, médaillons à figures fond vert quadrillé.

41 — Deux soucoupes en émail peint de la Chine.

42 — Socle formé de trois petites tables en bois dur laqué or, à décor d'oiseaux et de plantes.

43 — Boîte à thé en laque de Chine.

44 — Petit socle carré en laque du Japon à papillons, laqué or et argent sur fond noir.

45 — Deux petits écrans japonais en ivoire sculpté, avec feuille en ivoire gravé à figures et ornements.

46 — Petit meuble, ouvrant à quatre portes avec tiroir au-dessous en laque rouge ciselée de Pékin, décor représentant le dragon sur les flots, quadrillés et grecques. — Haut., 55 cent.; larg., 35 cent.

47 — Jeu de tables en laque rouge.

48 — Écran en laque rouge ciselé de Pékin ; la feuille représente une vue de ville prise à vol d'oiseau.

49 — Jeu de quatre tables. à décor de kiosques, paysages et figures, laque noir et or.

50 — Coffret à ouvrage en marqueterie d'ivoire, d'étain, etc., à bandes rayonnantes et rosaces. Travail indien.

51 — Écran en bois noir sculpté avec feuille en forme d'éventail en pierre sculptée en bas-relief à nombreux personnages.

52 — Deux socles de candélabres en marbre blanc garnis de guirlandes et de moulures de bronze.

53 — Deux cadres de miniatures en cuivre étampé et doré. XVIIIe siècle.

54 — Dessus de table composé d'échantillons de marbre.

55 — Plusieurs objets en marbre, consoles, etc.

56 — Lots de cadres italiens en bois sculpté et doré.

57 — Tableau, d'après Gérard Dow, scène enfantine.

58 — Peinture sur porcelaine : la Madeleine.

59 — Trois gravures encadrées ; deux d'après Saint-Aubin, l'autre d'après Rubens.

BRONZES D'ART ET D'AMEUBLEMENT

60 — Crabe en bronze du Japon.

61 — Chimère en bronze japonais frotté d'or.

62 — Vase en bronze du Japon, incrusté d'argent, supporté par un dragon sur les flots, tenant dans ses griffes une boule de cristal de roche.

63 — Deux flambeaux japonais en bronze, niellés argent.

64 — Deux vases en bronze japonais, à décor de dragons.

65 — Quatre pièces : le Tireur d'épines, Diane et Apollon, bougeoir, en bronze de chez Barbedienne.

66 — Statuette en bronze de femme couchée, d'après l'antique.

67 — Quatre appliques en bronze doré, à deux branches chaque, modèle à carquois, rubans et feuillages.

68 — Deux appliques à trois lumières chaque, à feuilles et rinceaux. Style Louis XV.

69 — Deux petites appliques Louis XIV à gaines surmontées d'un buste avec branches rapportées ; chacune à trois lumières.

70 — Grand candélabre en bronze doré, à bouquet de branches porte-lumières au-dessus d'une vasque supportée par les trois Grâces. Socle à volutes en pâte dorée. — Haut., 1 m. 80 cent.

71 — Deux petits flambeaux formés de corbeilles supportées par des chimères, bronze et dorures.

72 — Grand lustre en bronze doré, à quarante-huit lumières.

73 — Deux petites appliques à cinq branches chaque, entremêlées de fleurs de lis, en bronze verni, style Louis XV, garnies de cristaux.

74 — Quatre appliques à cinq branches chaque, analogues aux précédentes.

75 — Lustre de style oriental à quinze bougies, en bronze.

76 — Grand lustre tout en cristal de Bohême relevé de filets d'or, à deux rangs de lumières, garnies de pendeloques et de festons d'olives à facettes.

77 — Cinq appliques allant avec le lustre qui précède.

78 — Deux candélabres à sept lumières chaque, bronze patiné et doré du temps de la Restauration.

79 — Grand plateau de surtout du temps du premier Empire, en quatre parties; à galerie ajourée en bronze avec ressauts décorés de griffons affrontés; tablette en glace étamée.

80 — Lanterne d'antichambre en bronze doré, style Louis XVI, aménagée pour l'éclairage au gaz.

81 à 83 — Grand samovar en cuivre argenté, réchauds, cloches et truelle à poisson, etc.

84 — Encrier, coupe, candélabres, petits bronzes, bas-reliefs en galvano, flambeaux anciens, etc.

MEUBLES, SIÈGES

85 — Console en bois sculpté et doré, du temps de la Régence, à rinceaux, feuilles et fleurettes, supportée par deux pieds contournés et décorés de têtes de dragons.

Tablette en marbre bordée d'un quart de rond. — Long., 1 m. 10 cent.

86 — Console analogue à la précédente, mais un peu plus petite. — Long., 1 m. 5 cent.

87 — Console Louis XVI, demi-lune, en bois sculpté et doré, simulant une corbeille d'osier supportée par quatre pieds cannelés, reliés par une entretoise. Tablette en brocatelle d'Espagne. — Long., 1 m. 10 cent.; prof., 42 cent.

88 — Étagère de suspension à trois tablettes, fond plein, montants en consoles et cul-de-lampe orné, en bois sculpté et doré. XVIIIe siècle. — Haut., 75 cent.; larg., 1 m. 5 cent.

89 — Lit de l'époque Louis XVI, cantonné de piliers cannelés, bois peint blanc ; il est garni d'étoffe verte brochée à fleurs. Plus, un ciel de lit, aussi peint blanc.

90 — Orgue-harmonium en palissandre.

91 — Guéridon ovale élevé sur quatre pieds à griffes, en palissandre.

92-93 — Grand buffet à côtés cintrés et deux consoles-servantes en bois noir incrusté de filets de cuivre et garni de cuivres dorés, style Louis XV. Tablettes de marbre noir.

94 — Petite table à volets en marqueterie de bois à fleurs. Style Louis XV.

95 — Bonheur du jour, style Louis XVI, en acajou garni de cuivres ; le corps inférieur a des tiroirs, et le corps supérieur, en retrait, ouvre à deux portes vitrées.

96 — Armoire à glace acajou et bois rose, garnie de bronzes. Style Louis XVI.

97 — Table-écran à deux tablettes en bois noir.

98 — Deux étagères d'encoignure en palissandre et marqueterie.

99 — Petite table-servante en acajou. Style Louis XVI.

100 — Petit bureau-écran en palissandre.

101 — Deux tables à thé, en bois noir à doubles tablettes.

102 — Table-liseuse.

103 — Deux tabourets à coussins de damas rouge, supportés par des statuettes de négrillons accroupis, en bois peint noir et doré.

104 — Deux autres tabourets en bois sculpté, à figures de négrillons.

105 — Petite table turque en mosaïque de bois, d'os et de nacre.

106 — Deux petites tables arabes en bois peint et doré.

107 — Deux guéridons-torchères en bois sculpté, à tablettes lobées, supportées par des statuettes de jeunes femmes caractérisant l'Été et l'Hiver.

108 — Autre petit support en bois sculpté, la tige formée d'une cariatide d'enfant.

109 — Petite table octogone en bois, décorée d'incrustations de nacre.

110 — Piano droit, de J. Pleyel, en palissandre.

111 — Tabouret de piano.

112 — Prie-Dieu en bois de hêtre verni, couvert de velours grenat.

113 — Deux miroirs italiens avec cadres sculptés, noir et or.

114 — Glace moderne.

115 — Lot de cadres.

116 — Écran doré, modèle bambou, avec feuille en drap rouge, décorée d'applications et de broderies.

117 — Coffre-fort en fer.

118 — Encrier en marqueterie de cuivre, genre Boulle.

119 — Boîte à ouvrage de chez Tahan.

120 — Deux trumeaux en bois sculpté et doré, à mascarons et cornes d'abondance. Style Louis XIV.

121 — Huit colonnes torses en bois sculpté et peint blanc. Époque Louis XIII. — Haut., 1 mètre.

122 — Meuble à hauteur d'appui de style Louis XVI, en marqueterie de bois de couleurs; il ferme à une porte et est orné de bronzes; dessus de marbre blanc.

123 — Meuble analogue au précédent, mais plus petit.

124 — Deux grands fauteuils chinois en bois dur, incrusté de nacre gravé. Le siège et le dossier sont garnis de plaques de marbre blanc veiné.

125 — Très grande armoire du temps de la Régence, en bois de noyer sculpté à fleurs et coquilles, et enrichie de

moulures saillantes avec corniche et fronton et surmonté d'un mascaron tête de femme.

126 — Mobilier de salon, composé d'un canapé, quatre fauteuils et quatre chaises, en bois sculpté et doré, à feuillages et couvert en tapisserie à fleurs et attributs de la danse, sur fond blanc.

127 — Deux garnitures de croisées avec galeries et patères, composées chacune de deux rideaux et d'un lambrequin de même tapisserie que le mobilier précédent, avec glands et embrasses assortis.

128 — Meuble de salon Louis XV en bois sculpté et doré, à rinceaux, moulures et fleurettes, signé *Pothier*, et recouvert en damas vert. Il comprend un grand canapé, deux petits canapés, une bergère, six fauteuils et quatre chaises.

129 — Quatre chaises, style Louis XVI, dossiers à colonnettes, pieds cannelés, blanc et or, garnies, mais non couvertes.

130 — Chaise forme Louis XV, en bois doré, recouverte en tapisserie au petit point.

131 — Deux chaises légères en bois doré.

132 — Machine à coudre enfermée dans une caisse en chêne.

133 — Trois fauteuils Louis XVI, à dossiers ovales, en bois sculpté à rubans, piastres et acanthes, recouverts en Perse.

134 — Deux bois de fauteuils Louis XV.

135 — Deux tabourets de pieds, modèle bambou en bois doré.

136 — Fauteuil du Tonkin en bois dur enrichi d'incrustations de bois clairs et d'ivoire.

137 — Bois de canapé, de style Louis XVI, à perles et feuilles d'eau.

138 — Chaise prie-Dieu en noyer sculpté, style Louis XVI, garnie en tapisserie au petit point.

139 — Bois de fauteuil du temps de la Régence, à rocailles, festons et rinceaux.

140 — Tabouret à pieds tournés et dorés, avec coussin en broderie et application sur drap.

141 — Fauteuil de coin en bois noir garni de paille.

142 — Pouf recouvert en tapisserie au point et garni de franges.

143 — Meubles courants en acajou, guéridon, écran, étagère, deux tables à thé, bibliothèque, lit et débarras.

144 — Grands cadres de glaces.

TAPISSERIES, TAPIS, CUIRS

145 — Grande tapisserie rectangelaire : le Jugement de Pâris ; fond de verdure ; bordure de fleurs et fruits. XVIIIe siècle. — Haut., 3 m. 10 cent. ; larg., 5 mètres.

146 — Deux tapisseries rectangulaires : animaux et verdure,

bordure de fleurs. XVIIIe siècle. — Haut., 2 m. 50 cent.; long., 4 m. 20 cent. et 4 m. 60 cent.

147 — Trois autres analogues aux précédentes, mais plus petites. — Haut., 2 m. 80 cent., 2 m. 55 cent. et 2 m. 60 cent.; larg., 2 m. 90 cent., 3 m. 40 cent. et 3 m. 40 cent.

148 — Deux portières analogues aux tapisseries précédentes, l'une d'elles formée d'un fragment en tapisserie.

149 — Lot comprenant une bordure, un fragment et plusieurs morceaux de tapisserie.

150 — Très grand tapis de Smyrne.

151 — Huit rideaux et portières en étoffe à ramages sur fond jaunâtre.

152 — Lot d'anciens cuirs de Cordoue, gaufrés, peints et dorés.

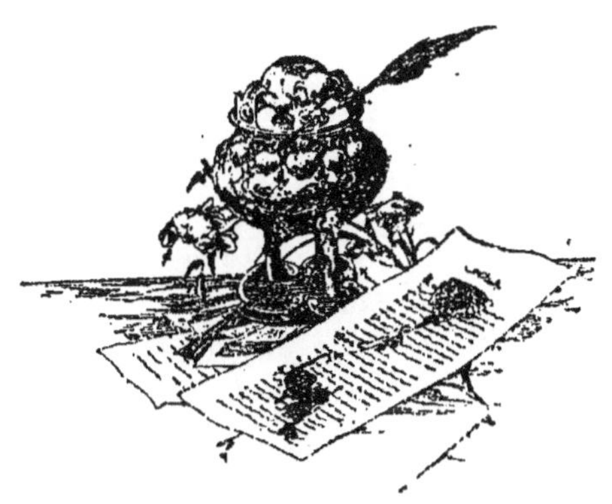

www.ingramcontent.com/pod-product-compliance
Lightning Source LLC
LaVergne TN
LVHW010331230826
846091LV00009B/3824
* 9 7 8 2 3 2 9 4 9 9 9 1 8 *